This book belongs to:

_____

_____

Date of Event

My favorite photo from the shower

Guest:_____

Message:

Guest:_____

Message:

Guest:_____

Message:

Guest:_____

Message:

Guest:_____

Message:

Guest:_____

Message:

Guest:_____

Message:

Guest:_____

Message:

Guest:_____

Message:

Guest:_____

Message:

Guest:_____

Message:

Guest:_____

Message:

Guest:_____

Message:

Guest:_____

Message:

Guest:_____

Message:

Guest:_____

Message:

Guest:_____

Message:

Guest:_____

Message:

Guest:_____

Message:

Guest:_____

Message:

Guest:_____

Message:

Guest:_____

Message:

Guest:_____

Message:

Guest:_____

Message:

Guest:_____

Message:

Guest:_____

Message:

Guest:_____

Message:

Guest:_____

Message:

Guest:_____

Message:

Guest:_____

Message:

Guest:_____

Message:

Guest:_____

Message:

Guest:_____

Message:

Guest:_____

Message:

Guest:_____

Message:

Guest:_____

Message:

Guest:_____

Message:

Guest:_____

Message:

Guest:_____

Message:

Guest:_____

Message:

Guest:_____

Message:

Guest:_____

Message:

Guest:_____

Message:

Guest:_____

Message:

Guest:_____

Message:

Guest:_____

Message:

Guest:_____

Message:

Guest:_____

Message:

Guest:_____

Message:

Guest:_____

Message:

Guest:_____

Message:

Guest:_____

Message:

Guest:_____

Message:

Guest:_____

Message:

Guest:_____

Message:

Guest:_____

Message:

Guest:_____

Message:

Guest:_____

Message:

Guest:_____

Message:

Guest:_____

Message:

Guest:_____

Message:

Guest:_____

Message:

Guest:_____

Message:

Guest:_____

Message:

Guest:_____

Message:

Guest:_____

Message:

Guest:_____

Message:

Guest:_____

Message:

Guest:_____

Message:

Guest:_____

Message:

Guest:_____

Message:

Guest:_____

Message:

Guest:_____

Message:

Guest:_____

Message:

Guest:_____

Message:

Guest:_____

Message:

Guest:_____

Message:

Guest:_____

Message:

Guest:_____

Message:

Guest:_____

Message:

Guest:_____

Message:

Guest:_____

Message:

Guest:_____

Message:

Guest:_____

Message:

Guest:_____

Message:

Guest:_____

Message:

Guest:_____

Message:

Guest:_____

Message:

Guest:_____

Message:

Guest:_____

Message:

Guest:_____

Message:

Guest:_____

Message:

Guest:_____

Message:

Guest:_____

Message:

Guest:_____

Message:

Guest:_____

Message:

Guest:_____

Message:

Guest:_____

Message:

Guest:_____

Message:

Guest:_____

Message:

Guest:_____

Message:

Guest:_____

Message:

Guest:_____

Message:

Guest:_____

Message:

Guest:_____

Message:

Guest:_____

Message:

Guest:_____

Message:

Guest:_____

Message:

Guest:_____

Message:

Guest:_____

Message:

Guest:_____

Message:

Guest:_____

Message:

Guest:_____

Message:

Guest:_____

Message:

Guest:_____

Message:

Guest:_____

Message:

Guest:_____

Message:

Guest:_____

Message:

Guest:_____

Message:

Guest:_____

Message:

Guest:_____

Message:

Guest:_____

Message:

Guest:_____

Message:

Guest:_____

Message:

Guest:_____

Message:

Guest:_____

Message:

Guest:_____

Message:

Guest:_____

Message:

Guest:_____

Message:

Guest:_____

Message:

Guest:_____

Message:

Guest:_____

Message:

Guest:_____

Message:

Guest:_____

Message:

Guest:_____

Message:

Guest:_____

Message:

Guest:_____

Message:

Guest:_____

Message:

Guest:_____

Message:

Guest:_____

Message:

Guest:_____

Message:

Guest:_____

Message:

Guest:_____

Message:

Guest:_____

Message:

Guest:_____

Message:

Guest:_____

Message:

Guest:_____

Message:

Guest:_____

Message:

Guest:_____

Message:

Guest:_____

Message:

Guest:_____

Message:

Guest:_____

Message:

Guest:_____

Message:

Guest:_____

Message:

Guest:_____

Message:

Guest:_____

Message:

Guest:_____

Message:

Guest:_____

Message:

Guest:_____

Message:

Guest:_____

Message:

Guest:_____

Message:

Guest:_____

Message:

Guest:_____

Message:

Guest:_____

Message:

Guest:_____

Message:

Guest:_____

Message:

Guest:_____

Message:

Guest:_____

Message:

Guest:_____

Message:

Guest:_____

Message:

Guest:_____

Message:

Guest:_____

Message:

Guest:_____

Message:

Guest:_____

Message:

Guest:_____

Message:

Guest:_____

Message:

Guest:_____

Message:

Guest:_____

Message:

Guest:_____

Message:

Guest:_____

Message:

Guest:_____

Message:

Guest:_____

Message:

Guest:_____

Message:

Guest:_____

Message:

Guest:_____

Message:

Guest:_____

Message:

Guest:_____

Message:

Guest:_____

Message:

Guest:_____

Message:

Guest:_____

Message:

Guest:_____

Message:

Guest:_____

Message:

Guest:_____

Message:

Guest:_____

Message:

Guest:_____

Message:

Guest:_____

Message:

Guest:_____

Message:

Guest:_____

Message:

Guest:_____

Message:

Guest:_____

Message:

Guest:_____

Message:

Guest:_____

Message:

Guest:_____

Message:

Guest:_____

Message:

Guest:_____

Message:

Guest:_____

Message:

Guest:_____

Message:

Guest:_____

Message:

Guest:_____

Message:

Guest:_____

Message:

Guest:_____

Message:

Guest:_____

Message:

Guest:_____

Message:

Guest:_____

Message:

Guest:_____

Message:

Guest:_____

Message:

Guest:_____

Message:

Guest:_____

Message:

Guest:_____

Message:

Guest:_____

Message:

Guest:_____

Message:

Guest:_____

Message:

Guest:_____

Message:

Guest:_____

Message:

Guest:_____

Message:

Guest:_____

Message:

Guest:_____

Message:

Guest:_____

Message:

Guest:_____

Message:

Guest:_____

Message:

Guest:_____

Message:

Guest:_____

Message:

Guest:_____

Message:

Guest:_____

Message:

Guest:_____

Message:

Guest:_____

Message:

Guest:_____

Message:

Guest:_____

Message:

Guest:_____

Message:

Guest:_____

Message:

Guest:_____

Message:

Guest:_____

Message:

Guest:_____

Message:

Guest:_____

Message:

Guest:_____

Message:

Guest:_____

Message:

Guest:_____

Message:

Guest:_____

Message:

Guest:_____

Message:

Guest:_____

Message:

Guest:_____

Message:

Guest:_____

Message:

Guest:_____

Message:

Guest:_____

Message:

Guest:_____

Message:

Guest:_____

Message:

Guest:_____

Message:

Guest:_____

Message:

Guest:_____

Message:

Guest:_____

Message:

Guest:_____

Message:

Guest:_____

Message:

Guest:_____

Message:

Guest:_____

Message:

Guest:_____

Message:

Guest:_____

Message:

Guest:_____

Message:

Guest:_____

Message:

Guest:_____

Message:

Guest:_____

Message:

Guest:_____

Message:

Guest:_____

Message:

Guest:_____

Message:

Guest:_____

Message:

Guest:_____

Message:

Guest:_____

Message:

Guest:_____

Message:

Guest:_____

Message:

Guest:_____

Message:

Guest:_____

Message:

Guest:_____

Message:

Guest:_____

Message:

Guest:_____

Message:

Guest:_____

Message:

Guest:_____

Message:

Guest:_____

Message:

Guest:_____

Message:

Guest:_____

Message:

Guest:_____

Message:

Guest:_____

Message:

Guest:_____

Message:

Guest:_____

Message:

Guest:_____

Message:

Guest:_____

Message:

Gifts I Received:

Guest Name:	Gift Received:	Thank You Card Sent?

Gifts I Received:

Guest Name:	Gift Received:	Thank You Card Sent?

Gifts I Received:

Guest Name:	Gift Received:	Thank You Card Sent?

Gifts I Received:

Guest Name:	Gift Received:	Thank You Card Sent?

Gifts I Received:

Guest Name:	Gift Received:	Thank You Card Sent?

Gifts I Received:

Guest Name:	Gift Received:	Thank You Card Sent?

Gifts I Received:

Guest Name:	Gift Received:	Thank You Card Sent?

My favorite memories from my shower:

_____

_____

_____

_____

_____

_____

_____

_____

_____

_____

_____

_____

My favorite memories from my shower:

_____

_____

_____

_____

_____

_____

_____

_____

_____

_____

_____

_____

Made in the USA
Monee, IL
26 July 2022

10391814R00063